...RIÈRES COLONIALES

INSTRUCTION PUBLIQUE

Instituteurs et Institutrices

2e Édition.

PARIS

HENRI CHARLES-LAVAUZELLE

Éditeur militaire

110, Rue Danton, Boulevard Saint-Germain, 118

(MÊME MAISON A LIMOGES)

INSTRUCTION PUBLIQUE

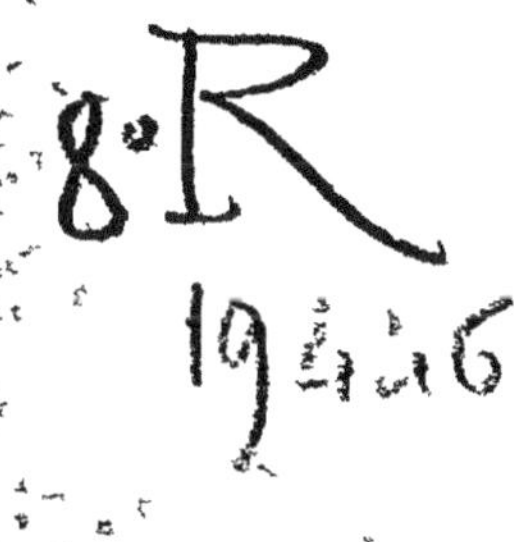

CARRIÈRES COLONIALES

INSTRUCTION PUBLIQUE

Instituteurs et Institutrices

2ᵉ Édition.

PARIS

HENRI CHARLES-LAVAUZELLE

Éditeur militaire

10, Rue Danton, Boulevard Saint-Germain, 118

(MÊME MAISON A LIMOGES)

—

INSTRUCTION PUBLIQUE

—

ENSEIGNEMENT PRIMAIRE

L'enseignement officiel est organisé dans plusieurs de nos colonies, c'est-à-dire à la Réunion, à la Martinique, à la Guadeloupe, à la Guyane, dans l'Inde, à Madagascar, en Indo-Chine et dans les colonies de la Côte occidentale d'Afrique.

Dans les anciennes colonies, telles que la Guyane, la Martinique, la Guadeloupe, la Réunion, le personnel est recruté, en fait, parmi les élèves des cours normaux qui y sont établis, et la loi du 30 octobre

1886 s'y applique. Toutefois, le décret du 26 septembre 1890 prévoyant la nomination possible d'instituteurs métropolitains, nous allons donner des renseignements concernant ces colonies.

Martinique — Guadeloupe — Réunion.

(Décret du 26 septembre 1890.)

Hiérarchie et solde.

Les instituteurs et les institutrices sont répartis en titulaires et en stagiaires.

Les titulaires se divisent en quatre classes qui touchent le traitement d'Europe indiqué ci-après :

```
1re classe.............   1.800 fr.
2e classe.............   1.600
3e classe.............   1.400
4e classe.............   1.200
Stagiaires...........   1.000
```

Les instituteurs recrutés dans la métropole touchent, en outre, un supplément colonial égal à la solde d'Europe.

Les suppléments du personnel recruté dans la colonie sont égaux au quart de la solde d'Europe.

Les titulaires chargés de la direction d'une école comprenant plus de deux classes reçoivent, à ce titre, un supplément de traitement de 200 francs; ce supplément est porté à 400 francs si l'école comprend plus de quatre classes.

Dans les écoles qui comprennent une classe d'enseignement primaire supérieur, dite cours complémentaire, le maître chargé de ce cours reçoit un supplément de traitement de 200 francs.

Indépendamment du traitement, les instituteurs et institutrices titulaires ou adjoints ont droit au logement ou à une indemnité représentative.

Les classes sont personnelles et peuvent être attribuées sans déplacement.

Pour être promu à une classe supérieure, il faut avoir trois ans d'exercice dans la classe inférieure.

Les avancements sont faits suivant un

tableau où les instituteurs et institutrices prennent rang suivant leur ancienneté.

Saint-Pierre et Miquelon.
(Arrêté du 12 août 1903.)

L'enseignement public est donné à Saint-Pierre et Miquelon par des instituteurs et institutrices titulaires et stagiaires. Les titulaires doivent posséder l'un des brevets de l'enseignement et le certificat d'aptitude pédagogique. Le brevet supérieur peut tenir lieu de ce dernier diplôme. Les instituteurs stagiaires doivent être munis du brevet élémentaire.

La hiérarchie et la solde du personnel enseignant sont établies de la manière suivante :

Grades.	INSTITUTEURS.	
	Solde d'Europe.	Supplément colonial.
Titulaires de 1re classe...	1.800	1,200
Titulaires de 2e classe....	1.600	1.100
Titulaires de 3e classe....	1.400	1.000
Titulaires de 4e classe....	1.200	800
Stagiaires.	»	1.200

Grades.	INSTITUTRICES.	
	Solde d'Europe.	Supplément colonial.
Titulaires de 1re classe...	1.500	700
Titulaires de 2e classe....	1.400	600
Titulaires de 3e classe....	1.200	600
Titulaires de 4e classe....	1.000	500
Stagiaires.	»	1000

Les instituteurs et institutrices stagiaires ne peuvent être titularisés qu'à la dernière classe; ils doivent être âgés d'au moins 18 ans et posséder le certificat d'aptitude pédagogique. Nul instituteur titulaire ne peut être nommé à une classe supérieure s'il ne compte au moins trois années dans la classe immédiatement inférieure.

Les instituteurs ou institutrices titulaires chargés de la direction d'une école comprenant plus de deux classes prennent le nom de directeur ou de directrice d'écoles primaires élémentaires et reçoivent à ce titre un supplément de 400 francs par an.

Des suppléments spéciaux à titre d'ancienneté de services ou des récompenses peuvent, en outre, être alloués par le gouverneur.

Les directeurs et directrices d'écoles primaires élémentaires sont logés et meublés en nature. Les instituteurs et institutrices titulaires et stagiaires ont également droit au logement et à l'ameublement en nature ou annuellement aux indemnités représentatives ci-après :

Indemnité de logement............ 250 fr.
Indemnité d'ameublement........ 100 fr.

Les instituteurs communaux peuvent exercer les fonctions de secrétaire de mairie avec l'autorisation du Conseil de l'instruction publique.

Guyane.
(Décret du 30 octobre 1889.)

Dans cette colonie, nul ne peut être nommé dans une école publique à une fonction quelconque d'enseignement s'il n'est muni du titre de capacité correspondant à cette fonction, tel qu'il est prévu par les règlements universitaires de la métropole.

Les instituteurs et institutrices sont divisés en deux catégories, les titulaires et les stagiaires, suivant qu'ils ont ou n'ont pas le certificat d'aptitude pédagogique. L'obtention de ce certificat est absolument nécessaire pour être titularisé.

Dans les écoles à plusieurs classes, les instituteurs et institutrices sont secondés par des adjoints, qui sont eux-mêmes des titulaires ou des stagiaires, suivant la distinction qui vient d'être indiquée.

Le cadre du personnel est divisé en trois classes, auxquelles correspondent les traitements suivants :

INSTITUTEURS

1re *classe* : Instituteurs pourvus du brevet supérieur et du certificat d'aptitude pédagogique. 4.000 fr.

2e *classe* : Instituteurs pourvus du brevet supérieur seul ou du brevet élémentaire et du certificat d'aptitude pédagogique.............. 3.000 fr.

3e *classe* : Instituteurs pourvus du brevet élémentaire............................... 2.600 fr.

INSTITUTRICES

1re *classe* : Institutrices pourvues du brevet supérieur
et du certificat d'aptitude pédagogique. 3.000 fr.
2e *classe* : Institutrices pourvues du brevet supérieur
seul ou du brevet élémentaire et du certificat
d'aptitude pédagogique.............. 2.400 fr.
3e *classe* : Institutrices pourvues du brevet élémentaire............................... 2.000 fr.

Les directèurs des écoles auxquelles
sont annexés des cours complémentaires
reçoivent une indemnité de direction qui
s'élève à 600 francs pour les instituteurs
et à 300 francs pour les institutrices.

En ce qui concerne les écoles enfanti-
nes, il est nécessaire, pour en être nommée directrice, de posséder le certificat
d'aptitude pédagogique.

L'enseignement primaire supérieur est
donné dans un établissement connu sous
le nom de collège colonial et dans les
cours complémentaires des écoles de garçons et de filles de Cayenne.

Collège colonial. — Outre la classe en-
fantine et les trois cours de l'enseigne-

ment primaire, le collège colonial comprend quatre années d'enseignement primaire supérieur.

Le cadre primaire du personnel de l'école coloniale est fixé ainsi qu'il suit :

Un professeur de mathématiques et un professeur de sciences physiques et naturelles pourvus du certificat d'aptitude au professorat des écoles normales et des écoles primaires supérieures, — solde 6.500 fr.

Deux professeurs de lettres pourvus du brevet supérieur et du certificat d'aptitude pédagogique à défaut du certificat d'aptitude au professorat des écoles primaires supérieures, — solde 6.500 fr.

Un professeur d'enseignement professionnel chargé du dessin, — solde 6.500 fr.

Un instituteur titulaire pourvu du brevet élémentaire, — solde 3.600 fr.

Une institutrice titulaire pourvue du brevet supérieur, — solde 3.600 fr.

Une institutrice stagiaire pourvue du brevet élémentaire, — solde 3.000 fr.

Les *peines disciplinaires* applicables au personnel de l'enseignement primaire public sont :

1° La réprimande ;
2° La censure ;

3° La suspension ;

4° La révocation.

La réprimande est prononcée par le secrétaire général.

La censure et la suspension sont prononcées par le gouverneur, après avis motivé du comité central de l'instruction publique.

La durée de la suspension ne peut excéder trois mois.

La révocation des fonctionnaires de l'instruction publique est prononcée par le sous-secrétaire d'Etat des colonies sur la proposition du gouverneur, après avis motivé du comité central.

Le fonctionnaire inculpé sera cité à comparaître en personne devant le comité central. Il pourra se faire assister par un défenseur et prendre communication du dossier.

Inde française.
(Décret du 1er février 1893.)

Pour être admis en qualité d'instituteur dans les écoles de l'Inde, il faut être

Français et âgé de 18 ans au minimum pour les instituteurs et de 17 ans pour les institutrices.

On ne peut être directeur d'une école centrale avant l'âge de 21 ans, et directeur d'une école primaire supérieure, d'un cours complémentaire ou d'un cours normal avant l'âge de 25 ans pour les instituteurs et de 21 ans pour les institutrices.

Le personnel enseignant masculin est seul entièrement laïque. Une institutrice ne peut donc pas compter actuellement être nommée dans les établissements de l'Inde.

Dans les écoles centrales de garçons, les cours complémentaires et les écoles de section, l'enseignement est donné par deux sortes d'instituteurs divisés en titulaires et en stagiaires : les instituteurs dits de français et les instituteurs de langue indigène.

Pour être nommé directeur d'école centrale, il faut avoir au moins trois ans d'exercice et posséder le brevet élémentaire ou supérieur et le certificat d'aptitude pédagogique.

Pour être nommé instituteur titulaire de français, il faut être muni du brevet élémentaire et du certificat d'aptitude pédagogique. Le brevet élémentaire suffit pour obtenir l'emploi d'instituteur stagiaire.

Les instituteurs stagiaires enseignent en vertu d'une délégation du chef du service de l'instruction publique.

Les instituteurs de tout ordre sont nommés, sur la proposition de ce chef de service, par le Gouverneur; c'est donc à ce dernier qu'il faut s'adresser pour obtenir sa nomination.

Les instituteurs qui appartiennent au cadre métropolitain sont maintenus pour ordre dans le cadre de leur département d'origine. Ils sont mis à la disposition du ministre des colonies par arrêté du préfet et sont replacés par lui à leur rentrée en France avec la classe qu'ils ont acquise aux colonies.

Les instituteurs doivent être pourvus du brevet supérieur et du certificat pédagogique. Ils reçoivent, suivant la classe à laquelle ils appartiennent, le double du traitement d'Europe.

Les instituteurs titulaires chargés de la direction d'une école comprenant plus de deux classes reçoivent un supplément de 200 francs ; ce supplément est porté à 400 francs si l'école a plus de quatre classes.

Le maître chargé du cours complémentaire, dans les écoles où il en existe un, reçoit, s'il possède le brevet supérieur, un supplément de traitement de 200 francs. Les instituteurs titulaires directeurs d'école ont droit au logement ou à une indemnité représentative.

Le personnel attaché aux établissements de l'enseignement primaire supérieur comprend :

1° Des directeurs ;

2° Des professeurs de lettres et de sciences ;

3° Des instituteurs adjoints.

Nul ne peut être nommé, à titre définitif, directeur ou professeur s'il n'est pourvu d'un certificat d'aptitude au professorat, des écoles normales.

Nul ne pourra être nommé instituteur adjoint titulaire dans une école primaire supérieure s'il n'est pourvu du brevet supérieur et du certificat d'aptitude pédagogique.

Nul ne peut être promu à une classe supérieure qu'après deux ans au moins et cinq ans au plus dans la classe inférieure. Les promotions concernant les directeurs et professeurs appartenant au cadre métropolitain sont accordées par le ministre de l'instruction publique, sur la proposition du ministre des colonies.

Les directeurs et les professeurs reçoivent, suivant la classe à laquelle ils appartiennent, le double du traitement prévu à l'article 18 de la loi du 19 juillet 1889, modifiée par la loi du 25 juillet 1893. La moitié seulement de ce traitement est soumise à retenue.

Le directeur a droit au logement ou à une indemnité représentative.

Les peines disciplinaires applicables au personnel de l'enseignement primaire sont :

1° La réprimande ;

2° La censure ;

3° La suspension ;

4° La rétrogradation de classe ;

5° La révocation ;

6° L'interdiction temporaire ou définitive.

Indo-Chine.

Il faut distinguer, pour cette colonie, entre les cadres de la Cochinchine et ceux du Tonkin.

1° Cochinchine.

En Cochinchine, les membres du personnel enseignant prennent le titre de professeur; leur solde coloniale est fixée d'après leur grade conformément au tableau suivant :

Professeurs principaux de 1re classe   10.000 francs.
—	—	2e classe	9.000 —
—	de 1re classe.............		8.000 —
—	de 2e classe.............		7.000 —
—	de 3e classe.............		6.000 —
—	de 4e classe.............		5.000 —
—	stagiaires.............		4.000 —

La solde d'Europe est égale à la moitié de la solde coloniale.

Pour être admis comme professeur de 4e classe, il faut avoir servi comme professeur stagiaire pendant un an au moins en Cochinchine.

Pour passer d'une classe inférieure dans la classe immédiatement supérieure, il faut avoir au moins deux ans et demi de service dans cette classe et avoir professé au moins dix-huit mois en Cochinchine, muni du titre de la classe inférieure.

Il faut, pour être nommé stagiaire, posséder un diplôme de bachelier ou un brevet supérieur de l'enseignement primaire.

2° Tonkin.

Le classement, la solde et l'avancement du personnel français de l'enseignement primaire dans cette colonie sont fixés conformément au tableau suivant :

GRADES ET CLASSES.	SOLDE.	TEMPS MINIMUM a passer dans chaque grade
	fr.	
Instituteurs.		
Principaux de 1re classe.	7.000	»
— 2e —	6.500	3 ans.
Titulaires de 1re classe.	6.000	4 ans.
— 2e —	5.500	2 ans.
— 3e —	5.000	2 ans.
Auxiliaires de 1re classe.	4.000	3 ans.
— 2e —	3.500	18 mois.
— 3e —	3.000	18 mois.
Institutrices.		
Titulaires de 1re classe.	6.000	»
— 2e —	5.500	3 ans.
— 3e —	5.000	3 ans.
Auxiliaires de 1re classe.	4.000	3 ans.
— 2e —	3.500	18 mois.
— 3e —	3.000	18 mois.

Aucun instituteur titulaire de 1re classe ne peut être nommé au grade d'instituteur principal de 2e classe s'il ne justifie de dix ans de services dans l'enseignement au Tonkin.

Les instituteurs et institutrices dont la solde coloniale ne dépasse pas 4.000 francs auront droit à une indemnité de 400 francs pour cherté de vivres.

Madagascar.
(Arrêté du 7 mai 1903.)

Le personnel européen de l'enseignement à Madagascar comprend, en dehors du chef de service et des inspecteurs primaires, des instituteurs principaux et des institutrices principales (2 classes), des instituteurs et des institutrices (6 classes).

Nul ne peut être admis dans les cadres du service de l'enseignement à Madagascar s'il n'est Français, pourvu au moins du brevet de capacité pour l'enseignement primaire et s'il ne produit, en outre, un certificat médical dûment légalisé attestant qu'il jouit d'une bonne constitution physique et qu'il est apte à servir aux colonies.

Les candidats doivent, autant que possible, faire partie du cadre de l'enseignement public en France ou dans les colonies, en qualité de stagiaires ou titulaires de 5ᵉ et de 4ᵉ classe au plus.

Les instituteurs sont choisis de préférence parmi les candidats pourvus du certificat d'aptitude à l'enseignement du travail manuel dans les écoles normales et les écoles primaires supérieures de la métropole et, à défaut, parmi les candidats munis d'attestations de leurs chefs et signalant leurs aptitudes à l'enseignement des travaux manuels.

Les institutrices sont choisies de préférence parmi celles qui justifieront de la possession des certificats d'aptitude à la direction des écoles maternelles et à l'enseignement élémentaire des travaux de couture et, à défaut, parmi celles qui sont munies d'attestations émanant de leurs chefs et signalant leurs aptitudes à la direction des écoles maternelles et à l'enseignement élémentaire des travaux de couture.

Les instituteurs et institutrices provenant de la métropole ou des colonies sont admis dans le cadre de Madagascar avec leur grade; ceux qui, provenant de la métropole, désirent conserver leurs droits à l'avancement et à la retraite dans le cadre de l'enseignement en France, doivent, avant leur embarquement, solliciter à cet effet du ministre des colonies l'autorisation nécessaire.

Hiérarchie. Soldes. Indemnités.

La hiérarchie et le traitement des instituteurs et institutrices sont fixés de la manière suivante :

Emplois.	Solde coloniale
Instituteur principal de 1re classe.	8.000
Institutrice principale de 1re classe.	7.000

Instituteurs et institutrices de :

1re classe	6.000
2e classe.	5.500
3e classe.	4.500
4e classe.	4.000
5e classe.	3.500
6e classe.	3.000

La solde d'Europe est fixée à la moitié de la solde coloniale.

Les instituteurs et institutrices sont logés et meublés. Dans le cas où le logement et l'ameublement ne peuvent leur être fournis en nature, ils reçoivent une indemnité mensuelle représentative dont la quotité est fixée de la manière suivante :

A Tamatave : 75 francs.

A Tananarive, Fianarantsoa, Mananjary, Diégo et Majunga : 50 francs;

Dans les autres localités : 30 francs.

L'indemnité est réduite de moitié pour les instituteurs et institutrices logés, mais non meublés, ou inversement.

L'institutrice mariée à un instituteur et en exercice dans la même localité que son mari n'a droit qu'au tiers de l'indemnité représentative de logement et d'ameublement. Cette même indemnité est augmentée du tiers pour les instituteurs mariés, mais dont la femme n'est pas institutrice.

Les instituteurs pourvus du certificat

d'aptitude à l'enseignement du travail manuel dans les écoles normales et les écoles primaires supérieures de la métropole reçoivent, en sus de leur traitement, une indemnité supplémentaire de 600 francs par an. Il en est de même des institutrices pourvues des certificats d'aptitudes à la direction des écoles maternelles et à l'enseignement élémentaire des travaux de couture. La quotité de cette indemnité est réduite de moitié pour les institutrices qui ne possèdent qu'un seul de ces deux certificats.

Les instituteurs et institutrices qui comptent cinq ans de services effectifs à Madagascar et qui ont obtenu le diplôme de la langue malgache avec la mention « Bien » peuvent recevoir le titre de directeur ou de directrice. Cette durée des services est réduite à trois ans pour les fonctionnaires qui possèdent les diplômes spéciaux dont nous avons parlé. La direction des écoles est réservée aux instituteurs et institutrices dont nous venons de parler. Lorsqu'ils exercent effectivement la direction des écoles, ils reçoivent une indemnité spéciale de 500 francs par an, dite indemnité de direction.

Avancement.

Les avancements en classe ne peuvent avoir lieu qu'après un minimum de dix-huit mois de services effectifs dans la colonie. Toutefois, les instituteurs et institutrices de 2e classe doivent, pour être promus à la classe supérieure, posséder le diplôme de la langue malgache obtenu avec la mention « Bien ».

La durée des services effectifs exigés pour l'avancement est réduite à quinze mois pour les instituteurs et institutrices possédant les certificats spéciaux indiqués plus haut.

Nouvelle Calédonie.
(Décret du 26 septembre 1902.)

Nul ne peut exercer les fonctions d'instituteur ou d'institutrice stagiaire ou titulaire dans une école publique ou privée s'il n'est Français et s'il n'est pourvu au moins du brevet élémentaire de capacité pour l'enseignement primaire. De plus, il doit avoir au moins 18 ans pour les instituteurs et 17 ans pour les institutrices. La direction d'une école ne peut pas s'obtenir avant 21 ans.

Toutefois, les étrangers remplissant les conditions de capacité et d'âge indiquées ci-dessus et admis à jouir des droits civils en France, peuvent enseigner dans les écoles privées moyennant une autorisation donnée par le gouverneur.

Les instituteurs et institutrices exerçant dans les écoles publiques sont divisés en stagiaires et en titulaires.

Pour être nommé titulaire, il faut avoir fait un stage de deux ans au moins dans une école publique ou privée et posséder le certificat d'aptitude pédagogique.

Le gouverneur procède aux nominations; c'est donc à lui que les demandes doivent être adressées. Il en est de même pour les maîtres auxiliaires pour les enseignements accessoires.

Hiérarchie. Solde. Avancement.

La hiérarchie des instituteurs et des institutrices est établie de la manière suivante. Le traitement d'Europe est fixé comme suit par grade et par classe :

Désignation.	Insti-tuteurs.	Insti-tutrices.
Titulaire de 1re classe...	2.300	2.000
Titulaire de 2e classe....	2.000	1.700
Titulaire de 3e classe....	1.700	1.400
Titulaire de 4e classe....	1.400	1.200
Titulaire de 5e classe....	1.200	1.100
Stagiaires.	1.000	900

Ils reçoivent, en outre, un supplément colonial égal au traitement d'Europe.

Les titulaires chargés de la direction d'une école comprenant plus de deux classes reçoivent à ce titre un supplément de traitement de 300 francs, soumis à retenue. Ce supplément est porté à 600 francs si l'école comprend plus de quatre classes.

En outre des traitements indiqués ci-dessus, les instituteurs et institutrices titulaires et stagiaires ont droit au logement en nature ou à une indemnité représentative.

Les propositions pour les titularisations et les avancements en classe sont établies par le fonctionnaire chargé du service de l'inspection primaire.

Nul ne peut être l'objet d'une proposition pour une élévation de classe s'il n'a accompli au moins trois années de service dans la classe immédiatement inférieure.

Les instituteurs et institutrices peuvent recevoir des distinctions honorifiques, mentions, médailles de bronze et d'argent, comme dans la métropole.

La médaille d'argent donne droit à une allocation annuelle et viagère de cent francs.

Établissements de l'Océanie.

(Arrêté du 28 janvier 1887.)

INSTITUTEURS

	Papeete.	Intérieur.
1re classe.	5.000	4.500
2e classe.	4.500	4.000
3e classe.	4.000	3.500
4e classe.	3.500	3.000

INSTITUTRICES

1re classe.	3.500	3.000
2e classe.	3.000	2.500
3e classe.	2.500	2.000
4e classe.	2.000	1.500

INSTITUTEURS ET INSTITUTRICES STAGIAIRES

1re classe.	2.400 fr.
2e classe.	1.500 fr.

L'enseignement primaire est donné dans les écoles publiques par des instituteurs et institutrices munis autant que possible du brevet de capacité.

Les instituteurs et institutrices sont divisés en deux catégories, les titulaires et les stagiaires. Les titulaires sont partagés en quatre classes et les stagiaires en deux, conformément au tableau ci-dessus.

Indépendamment de la solde qui est allouée aux instituteurs et institutrices, il est accordé à ceux de ces fonctionnaires qui ne sont pas logés en nature une indemnité de 600 francs.

Les instituteurs et institutrices adjoints et stagiaires n'ont pas droit à ces indemnités à moins qu'ils ne soient placés à la tête d'une école.

L'instituteur ou l'institutrice titulaire et stagiaire qui débute dans l'enseignement est nommé à la dernière classe.

La promotion à une classe supérieure ne peut avoir lieu pour les titulaires qu'après trois ans de stage dans la classe immédiatement inférieure et qu'après un an pour tous les autres.

Afrique occidentale française.

(Arrêté du 24 novembre 1903.)

Le service de l'enseignement dans les colonies et territoires de l'Afrique occidentale française est assuré par un personnel qui comprend un cadre européen et un cadre indigène.

Le cadre européen comprend :

Un directeur d'école normale, chef du service de l'enseignement;

Un chef de service de l'enseignement du Sénégal;

Des directeurs d'écoles supérieures professionnelles et commerciales;

Des directeurs et directrices d'écoles primaires;

Des professeurs de lettres, langues vivantes, enseignement commercial, sciences et d'enseignement technique.

Des instituteurs et institutrices titulaires ou stagiaires.

La solde et le classement de ce personnel sont fixés de la manière suivante :

Grades.	Solde coloniale.

Instituteurs et institutrices de :

1re classe.	6.000
2e classe.	5.500
3e classe.	4.500
4e classe.	4.000
5e classe.	3.500

Instituteurs stagiaires. 3.000

Professeurs pourvus d'une licence ès lettres ou ès sciences; du certificat d'aptitude dans les écoles normales ou les écoles pratiques de commerce et d'industrie; du certificat d'aptitude de l'enseignement des langues vivantes dans les lycées ou collèges ou dans les écoles normales :

1re classe.	9.000
2e classe.	8.000
3e classe.	7.000
4e classe.	6.000

Professeurs diplômés de l'enseignement technique ou anciens élèves brevetés des écoles d'arts et métiers de la métropole :

1re classe.	9.000
2e classe.	8.000
3e classe.	7.000
4e classe.	6.000

La solde d'Europe est égale à la moitié de la solde coloniale.

Les directeurs et directrices d'écoles supérieures ou d'écoles primaires à plus de quatre classes reçoivent en sus une indemnité annuelle de 1.000 francs.

Le chef du service de l'enseignement au Sénégal touche un traitement d'Europe de 5.000 francs, 5.500 francs, 6.000 francs, suivant la classe à laquelle il appartient. Il reçoit, en outre, une indemnité de 1.000 francs pour frais de tournées.

Le directeur d'école normale, chef du service de l'enseignement de l'Afrique occidentale touche une solde d'Europe de 6.000 francs, 6.500 francs, 7.000 francs, suivant la classe à laquelle il appartient. Il lui est alloué, en outre, pour frais de tournées, une somme de 1.500 francs.

Tous les fonctionnaires de l'enseignement en service dans l'Afrique occidentale française touchent une indemnité de logement fixée à 600 francs par an. Toutefois, lorsque l'institutrice mariée à un instituteur se trouve en service dans la même localité que son mari, les deux indemnités ne se cumulent pas.

Les membres du personnel appartenant au cadre métropolitain nommés en Afrique occidentale sont rangés, dans les cadres du personnel de cette colonie, dans la classe dont la solde d'Europe égale au moins celle qu'ils recevaient dans la métropole.

En dehors de ce personnel détaché par le ministère de l'instruction publique, nul ne peut être admis dans le personnel enseignant de l'Afrique occidentale qu'en qualité de stagiaire.

Les candidats à ce dernier emploi doivent, pour les instituteurs, justifier qu'ils sont Français, âgés d'au moins. 18 ans et pourvus du brevet de capacité. Pour les institutrices, la condition d'âge est ramenée à 17 ans.

Les instituteurs et institutrices titulaires sont choisis parmi les stagiaires pourvus du certificat d'aptitude pédagogique ou comptant trois ans de stage et proposés pour la titularisation par le lieutenant gouverneur de la colonie où ils sont en service.

Pour enseigner dans une école primaire supérieure, il faut être âgé d'au moins 21 ans et posséder le brevet supérieur et le certificat d'aptitude pédagogique.

Les directeurs et les directrices d'écoles sont choisis parmi les instituteurs et les institutrices titulaires âgés d'au moins 21 ans. Si l'école reçoit des internes, l'âge du directeur ou de la directrice ne peut être moindre de 25 ans.

Les promotions en classe ont lieu au choix ou à l'ancienneté. Le choix porte sur les professeurs, instituteurs ou institutrices titulaires comptant au moins deux ans dans une classe et qui sont proposés pour l'avancement par le lieutenant gouverneur de la colonie où ils servent. L'avancement à l'ancienneté a lieu après cinq années passées dans une même classe.

Demandes d'emploi. Pièces à fournir.

Nous avons vu que les demandes d'emploi doivent être adressées aux gouverneurs ; à l'appui de leur demande, les candidats joindront les pièces suivantes :

1° Une expédition en due forme de l'acte de naissance ;

2° Un extrait du casier judiciaire ;

3° Un certificat de bonne vie et mœurs ;

4° Un état signalétique et des services militaires, ou, si le candidat n'a pas servi sous les drapeaux, une copie des pièces indiquant sa situation au point de vue de la loi sur le recrutement de l'armée ;

5° Un certificat médical dûment légalisé constatant que l'état de santé du candidat lui permet d'aller servir aux colonies ;

6° La copie, s'il y a lieu, des titres universitaires et des pièces indiquant les aptitudes spéciales ;

7° Un extrait de l'acte de mariage, lorsque la demande est faite par un ménage d'instituteurs.

Passages.

(Décret du 6 juillet 1904.)

Le personnel de l'enseignement primaire est classé, au point de vue des passages et des indemnités, dans les 2ᵉ et 3ᵉ catégories.

Sont classés dans la 2ᵉ catégorie les professeurs d'écoles pratiques de commerce.

Les instituteurs principaux, les instituteurs titulaires et stagiaires sont classés dans la 3ᵉ catégorie.

Toutefois, les institutrices titulaires ou stagiaires voyageant seules ont droit à la deuxième catégorie.

L'institutrice voyageant avec son mari lorsque celui-ci est fonctionnaire suit toujours le classement de son mari, même lorsque ce classement est inférieur à la 2ᵉ catégorie.

En ce qui concerne le personnel de l'Afrique occidentale, le classement au point de vue de la concession des indemnités de route est établi de la manière suivante :

(Arrêté du 24 novembre 1903.)

1ʳᵉ catégorie B.

Directeurs de l'enseignement en Afrique occidentale et au Sénégal.

2ᵉ catégorie.

Directeurs d'écoles primaires supérieures professionnelles;

Professeurs munis d'une licence ou d'un certificat d'aptitude;

Directeurs ou directrices d'écoles primaires;

Institutrices.

3ᵉ catégorie.

Instituteurs;
Instituteurs stagiaires;
Répétiteurs.

Le tableau suivant indique les classes auxquelles ont droit ces catégories sur les paquebots.

| DÉSIGNATION des catégories. | MESSAGERILS MARITIMES. | | COMPAGNIE GÉNÉRALE TRANSATLANTIQUE. | | Chargeurs Réunis et Cie Fraissinet. |
	Lignes de l'Indo-Chine, de Madagascar, de la Réunion et de la Nouvelle-Calédonie.	Lignes de l'Atlantique et du Sénégal.	Ligne du Havre à New-York.	Lignes des Antilles et de la Guyane.	Côte occidentale d'Afrique.
1re catégorie B.	. . . .	1re classe, 2e catégorie.	. . . .	. . . .	1re classe.
2e catégorie.	2e classe.	1re classe, 3e catégorie.	1re classe. . . . . . . Cabine intérieure, arrière.	1re classe. 3e catégorie.	1re classe.
3e catégorie.	2e classe.	1re classe, 3e catégorie.	Idem.	Idem.	2e classe.

Les fonctionnaires de la 1re catégorie B ont droit au transport gratuit de 500 kilos de bagages pour eux et de 250 kilos pour leur famille; ceux de la 2e catégorie ont droit au transport gratuit de 400 kilos de bagages pour eux et de 250 kilos pour leur famille; ceux de la 3e catégorie ont droit à 350 kilos pour eux et à 200 kilos pour leur famille.

Congés.

Les membres du personnel enseignant peuvent obtenir des congés de plusieurs sortes : des congés pour affaires personnelles, des congés administratifs, des congés de convalescence, des congés pour faire usage des eaux (qui s'accordent d'ordinaire pendant la durée d'un congé de convalescence); des congés pour venir subir en France les examens ou les concours nécessités par leurs carrières.

Des congés administratifs de six mois, donnant droit à la solde entière d'Europe, peuvent être accordés après un séjour minimum de trois ans au Sénégal, à la Guyane, à Madagascar et en Indo-Chine, et de cinq ans dans les Antilles, la Nouvelle-Calédonie, la Réunion, Saint-Pierre et Miquelon.

La durée desdits congés peut être augmentée d'un mois pour chaque période supplémentaire de séjour de six ou dix mois, sans que la durée totale des congés puisse excéder un an.

A la suite de maladies endémiques contractées aux colonies, des congés de convalescence donnant droit à la solde entière d'Europe peuvent être accordés, pour une durée d'un an, par fractions de trois mois au maximum.

Toutefois, les gouverneurs ont le droit d'accorder directement un congé de convalescence de six mois, qui peut être ensuite prolongé de six autres mois par le ministre et par fractions maxima de trois mois.

Indemnités.

Dans certaines positions, les instituteurs et institutrices ont droit à des indemnités kilométriques de route et de séjour.

Retraites.

Les membres du personnel enseignant peuvent obtenir des pensions de retraite. S'ils sont détachés par le ministère de l'instruction publique ou s'ils appartiennent aux cadres de la Martinique, de la Guadeloupe ou de la Réunion, ils sont soumis, en ce qui concerne les retraites, au régime de la loi du 9 juin 1853 sur les pensions civiles.

Il est donc important, lorsqu'un instituteur en exercice en France désire aller servir dans les colonies, qu'il se fasse détacher par son département.

Les droits à une pension de retraite pour ancienneté s'obtiennent à 60 ans d'âge et après trente ans accomplis de services. Toutefois, les services rendus hors d'Europe par les fonctionnaires envoyés aux colonies par le gouvernement français sont comptés moitié en sus de leur durée effective, sans toutefois que cette bonification puisse réduire de plus d'un cinquième le temps de service effectif exigé pour constituer le droit à pension.

Peuvent exceptionnellement obtenir pension, quels que soient leur âge et la durée de leur activité :

1° Les fonctionnaires et employés qui auront été mis hors d'état de continuer leur service soit par suite d'un acte de dévouement dans un intérêt public, ou en exposant leurs jours pour sauver la vie de leurs concitoyens, soit par suite de lutte ou de combat soutenu dans l'exercice de leurs fonctions ;

2° Ceux qu'un accident grave, résultant notoirement de l'exercice de leurs fonctions, met dans l'impossibilité de les continuer.

Peuvent également obtenir pension à 50 ans d'âge et vingt ans de services ceux que des infirmités graves, résultant de l'exercice de leurs fonctions, mettent dans l'impossibilité de les continuer.

La pension est basée sur la moyenne du traitement et des émoluments de toute nature soumis à retenue, dont l'ayant droit a joui pendant les six dernières années d'exercice.

Les veuves de fonctionnaires décédés en possession d'une pension, ou des droits nécessaires pour l'obtenir, ont droit à une pension égale au tiers de celle du mari.

Les pensions d'ancienneté du personnel de l'enseignement primaire ne peuvent descendre au-dessous de 600 francs pour les hommes et de 500 francs pour les femmes.

Pour vingt-cinq ans de services entièrement rendus dans les postes actifs (ce qui est le cas des instituteurs), la pension est de la moitié du traitement moyen, avec accroissement, pour chaque année de service en sus, d'un cinquantième du traitement, sans pouvoir dépasser le maximum fixé par le tableau suivant :

TABLEAU MAXIMUM DES PENSIONS

TRAITEMENT	PENSION
1.000 fr. et au-dessous..	750 fr.
1.001 fr. à 2.400.........	2/3 du traitement moyen sans pouvoir descendre au dessous de 750 fr.
2.401 à 3.200 fr..........	1.600 fr.
3.201 à 8.000 fr..........	1/2 du traitement moyen.

Le supplément accordé à titre de traitement colonial n'entre pas dans le calcul du traitement moyen.

Notons, en terminant ce chapitre, qu'à Madagascar seuls les instituteurs détachés du cadre métropolitain ont droit à pension.

Indo-Chine.

Les fonctionnaires de l'enseignement en Indo-Chine sont soumis, en ce qui concerne les pensions de retraite, au régime institué par le décret du 5 mai 1898, portant création d'une caisse locale de retraites en Indo-Chine. Les dispositions principales de cet acte sont les suivantes :

Pensions pour ancienneté de services.

Le droit à cette pension est acquis, sans condition d'âge, à vingt-cinq ans accomplis de services effectifs, dont vingt années de séjour en Indo-Chine, congés compris, pourvu que la durée cumulée de ces congés n'excède pas cinq années.

Sont comptés comme services effectifs, pour parfaire la période de vingt-cinq années prévue ci-dessus, les services militaires ou civils rétribués sur les fonds du budget de l'Etat ou des budgets locaux des diverses colonies, à la condition, toutefois, qu'aucun de ces services n'ait été déjà rémunéré par une pension quelconque. Néanmoins, si une partie des services militaires (non rémunérés par une pension, cela va sans dire) a été accomplie en Indo-Chine, cette portion entre pour sa durée effective dans la supputation des vingt années de service en Indo-Chine exigées, sans préjudice de la partie restante, qui peut être comprise dans la période des cinq années admissibles pour compléter le temps de service exigé pour la retraite.

Les services civils ne sont admis qu'à partir de l'âge de vingt ans.

Le montant de la pension pour ancienneté est calculé, pour chaque année de service, à raison de 1/100 du traitement colonial moyen des quatre dernières années d'activité du fonctionnaire, sans que le total ainsi obtenu puisse excéder les 45/100 de ce traitement moyen, ni être inférieur à 800 francs par an.

Pensions proportionnelles.

Tout fonctionnaire qui réunit quinze années de services effectifs, dont dix en Indo-Chine, a droit à une pension proportionnelle, s'il est dûment constaté qu'il n'est plus propre à servir en Indo-Chine, ou lorsque, son emploi ayant été supprimé, il ne lui a pas été offert de situation équivalente. Le montant de cette pension, pour laquelle aucun maximum n'est fixé, mais qui ne peut être inférieure à 480 fr.

par an, se calcule comme la pension pour ancienneté de services (1/100, par année de service, du traitement moyen des quatre dernières années).

Pensions pour blessures ou infirmités.

Ont exceptionnellement droit à pension, quelle que soit la durée de leurs services, les fonctionnaires ayant été blessés grièvement ou mis hors d'état de continuer leurs fonctions en accomplissant des actes de dévouement, ou en service commandé, ou dans l'exercice de leurs fonctions, ou encore les fonctionnaires atteints d'affections graves et incurables provenant notoirement des fatigues ou dangers du service.

Pensions des veuves et des orphelins.

Les veuves des fonctionnaires ont droit à une pension :

1° Quand le mari est mort titulaire d'une pension pour ancienneté de services, d'une pension proportionnelle, ou ayant accompli la durée des services exigée pour la pension d'ancienneté;

2° Quand le mari est mort titulaire d'une pension pour blessures ou infirmités;

3° Quand le mari est mort d'un accident survenu ou de blessures reçues en service commandé; ou d'affections contractées à l'occasion de son service, à la condition, toutefois, que le mariage ait été contracté deux ans au moins avant la mise à la retraite du mari, ou avant l'époque de son décès, ou qu'il existe un ou plusieurs enfants issus du mariage.

Dans les cas prévus aux 2° et 3° paragraphes ci-dessus, il suffit que le mariage soit antérieur à l'événement qui a amené la mort ou la mise à la retraite du mari.

La pension de la veuve est fixée aux 15/100 du traitement colonial du mari, calculé, suivant le cas, sur la moyenne des quatre dernières années ou sur le dernier traitement.

S'il s'agit de la réversion d'une pension proportionnelle, la pension de la veuve est du tiers du montant de cette pension.

Si la mère est décédée ou divorcée, les enfants ont droit, jusqu'à leur majorité, pourvu que le mariage dont ils sont issus ait été contracté dans les conditions énumérées ci-dessus, à un secours annuel égal, quel que soit le nombre des enfants, à la pension que la mère aurait pu obtenir ; la part de ceux qui décèdent ou qui deviennent majeurs est réversible sur les mineurs.

TABLE

———

Paris. — Imp. milit. Henri CHARLES-LAVAUZELLE.

Paris et Limoges. — Imp. milit. Henri CHARLES-LAVAUZELLE.